BEI GRIN MACHT SICH IHR WISSEN BEZAHLT

- Wir veröffentlichen Ihre Hausarbeit, Bachelor- und Masterarbeit

- Ihr eigenes eBook und Buch - weltweit in allen wichtigen Shops

- Verdienen Sie an jedem Verkauf

Jetzt bei www.GRIN.com hochladen und kostenlos publizieren

Bibliografische Information der Deutschen Nationalbibliothek:

Die Deutsche Bibliothek verzeichnet diese Publikation in der Deutschen National-
bibliografie; detaillierte bibliografische Daten sind im Internet über http://dnb.d-
nb.de/ abrufbar.

Impressum:

Copyright © 2017 GRIN Verlag
Druck und Bindung: Books on Demand GmbH, Norderstedt Germany
ISBN: 9783668984325

Dieses Buch bei GRIN:

https://www.grin.com/document/491767

Anonym

Der Einsatz von Einbildungskraft im "Serapiontischen Prinzip". Zu E.T.A Hoffmanns Novelle "Der Artushof"

GRIN Verlag

GRIN - Your knowledge has value

Der GRIN Verlag publiziert seit 1998 wissenschaftliche Arbeiten von Studenten, Hochschullehrern und anderen Akademikern als eBook und gedrucktes Buch. Die Verlagswebsite www.grin.com ist die ideale Plattform zur Veröffentlichung von Hausarbeiten, Abschlussarbeiten, wissenschaftlichen Aufsätzen, Dissertationen und Fachbüchern.

Besuchen Sie uns im Internet:

http://www.grin.com/

http://www.facebook.com/grincom

http://www.twitter.com/grin_com

Universität zu Köln

Institut für deutsche Sprache und Literatur I

Abteilung für Neuere Deutsche Literaturwissenschaft

Semester: WiSe 2016/17

Thema der Hausarbeit:

Der Einsatz von Einbildungskraft im „Serapiontischen Prinzip" am Beispiel der Novelle „Der Artushof"

Abgabedatum: 30.09.2017

Inhaltsverzeichnis

1. Einleitung

In seinem Werk „Die Serapionsbrüder"[1] beweist E.T.A. Hoffmann seine Vielseitigkeit. Er zeigt sich als Kunst- und Musikspezialist, als Philosoph und Unterhalter und lässt viele unterschiedliche Personen aus verschiedenen Ländern und Epochen in seinen Novellen agieren.[2] Doch ein Element verbindet alle Geschichten in diesem Band: Das „Serapiontische Prinzip". Dieses Prinzip war Hoffmann sehr wichtig, wird es doch direkt am Anfang des 1819 erschienenen ersten Bandes ausführlich erläutert. Zeitgenössisch wurde das Serapiontische Prinzip allerdings als künstlicher Versuch gewertet, einen Zusammenhang zwischen den teils älteren Novellen zu schaffen[3], doch war es wirklich das, was Hoffmann dazu bewegte, dieses Prinzip zu formulieren?

In dieser Hausarbeit soll den Fragen nachgegangen werden, inwieweit Einbildungskraft im Serapiontischen Prinzip eine Rolle spielt und vor allem, wie das romantische Bild der Einbildungskraft widergespiegelt wird. Außerdem sollen Hoffmanns Beweggründe für die Formulierung dieses Prinzips ergründet werden. Dazu wird zunächst auf das Bild von Einbildungskraft in der Romantik eingegangen, um dann das Serapiontische Prinzip, vor allem in Bezug auf den Aspekt der Einbildungskraft, zu beleuchten. Daraufhin wird das Serapiontische Prinzip am Beispiel der Novelle „Der Artushof"[4] analysiert. Im Fazit wird schließlich zusammengefasst werden, inwieweit das Serapiontische Prinzip im Sinne der romantischen Einbildungskraft in dieser Novelle vertreten ist und ob man das Prinzip wirklich als „gekünstelt" bezeichnen kann.

Zur Novelle „Der Artushof" gibt es keine Einzelinterpretationen und im Gegensatz zu anderen Novellen der „Serapionsbrüder" sind auch in Monographien nur wenige Bemerkungen vorhanden, sodass durch diese Hausarbeit die Forschung ergänzt werden soll. Als wichtige Forschungsliteratur zu Hoffmann und dem Serapiontischen Prinzip werden vor allem die Werke von Peter von Matt[5], Hartmut Steinecke[6] und Brigitte Feldges und Ulrich Stadler[7] einfließen.

---

[1] In dieser Hausarbeit verwendete Ausgabe: Hoffmann, E.T.A.: Die Serapionsbrüder. Hg. von Wulf Segebrecht. Frankfurt am Main 2001.
[2] Vgl. Steinecke, Hartmut: E.T.A. Hoffmann. Stuttgart 1997, S. 114.
[3] Vgl. ebd., S. 115.
[4] Vgl. Hoffmann: Die Serapionsbrüder, S. 177-208.
[5] von Matt, Peter: Die Augen der Automaten. E.T.A. Hoffmanns Imaginationslehre als Prinzip seiner Erzählkunst. Tübingen 1971.
[6] Siehe Anmerkung 2.
[7] Feldges, Brigitte/ Stadler, Ulrich: E.T.A. Hoffmann. Epoche-Werk-Wirkung. München 1986.

2. Einbildungskraft in der Romantik

Heutzutage werden die Wörter „Phantasie", „Imagination" und „Einbildungskraft" oft synonym verwendet, doch in ihrer Begriffsgeschichte gibt es Abgrenzungen voneinander.[8] Das griechische Wort „Phantasie" und das lateinische Wort „Imagination" wurden schon früher weitestgehend synonym verwendet[9] und ihrer Definition nach war der „Bereich der Vernunft und der logisch-rationalen Tätigkeit"[10] ausgespart. Sie richteten sich also klar gegen die Vernunft der Aufklärung. Der deutsche Begriff der „Einbildungskraft" gewann in der Frühromantik an Bedeutung und stellte, im Gegensatz zum allgemeinen Definitionsverständnis von „Phantasie" und „Imagination", vor allem den poetischen Aspekt heraus.[11] Das romantische Ziel der „Poetisierung der Welt"[12] sollte mit der Einbildungskraft im Zentrum der Poesie erreicht werden.

Ein zentraler Begriff in der romantischen Vorstellung war die „produktive Einbildungskraft". Johann Gottfried Fichte hatte in seinen Überlegungen zur Einbildungskraft diese in die „reproduktive" und die „produktive" Einbildungskraft eingeteilt. Dabei verbindet die reproduktive Einbildungskraft im Bewusstsein bereits Vorhandenes neu, während die produktive Einbildungskraft etwas völlig Neues, quasi aus dem „Nichts", schöpft, also ein klassisch romantisches Bild.[13] Noch in Kants Überlegungen zur Einbildungskraft definierte dieser, dass sie durch die Vernunft vereinnahmt sei. Dahingegen hing man in der Romantik einer autonomen Einbildungskraft an, die „ungeordnete Formen des Erzählens ermöglicht".[14] Die Einbildungskraft löste sich von allen Regeln der Vernunft los und sollte eine „ungebundene, nicht durch den Verstand gezähmte"[15] sein. Somit wendete sich die Romantik mit Hilfe der Einbildungskraft gegen die aufklärerische „Entheiligung" der Welt und überschritt innere und äußere Grenzen. Es wurden vor allem auch dunkle Seiten, wie Traum und Wahnsinn, thematisiert.[16]

---

[8] Vgl. Rauch, Marja: Die Schule der Einbildungskraft. Zur Geschichte des Literaturunterrichts in der Romantik. Frankfurt am Main 2011 (Beiträge zur Geschichte des Deutschunterrichts 66), S. 29.

[9] Vgl. Kamper, Dietmar: Zur Geschichte der Einbildungskraft. Reinbek 1990, S. 7.

[10] Beil, Ulrich Johannes: Phantasie. In: Gert Ueding (Hg.): Historisches Wörterbuch der Rhetorik. Tübingen 2003, Sp. 927-943, hier Sp. 928.

[11] Vgl. Rauch: Schule der Einbildungskraft, S. 35.

[12] Ebd., S. 60.

[13] Vgl. Ivaldo, Marco: Die Rolle der Einbildungskraft in Fichtes Überlegungen über Geist und Buchstaben aus den Jahren 1794-1795. In: Alexander Schnell/ Jan Kuneš (Hg.): Bild, Selbstbewusstsein, Einbildung. Leiden 2016 (Fichte-Studien 42), S. 107-119, hier S. 109.

[14] Rauch: Schule der Einbildungskraft, S. 56.

[15] Schulte-Sasse, Jochen: Phantasie. In: Karlheinz Barck (Hg.): Ästhetische Grundbegriffe Bd. 4. Stuttgart/ Weimar 2002, S. 778-798, hier S. 787.

[16] Rauch: Schule der Einbildungskraft, S. 56.

3. Das „Serapiontische Prinzip"

Wie bereits erwähnt, war Hoffmann die Theorie des Serapiontischen Prinzips so wichtig, dass er sie direkt im Anfangsteil des ersten Bandes ausführt. So erzählt einer der Brüder, Cyprian, die Geschichte des Einsiedlers Serapion.[17] Cyprian habe diesen Mann einst in einem Wald getroffen. In Wahrheit sei er ein Graf und ehemaliger Diplomat, halte sich nun aber für den Einsiedler Serapion, der unter dem Kaiser Dezius in die Wüste geflohen sei. In einer nahegelegenen Stadt habe man Cyprian von seinem „ausgezeichnete[n] Dichtertalent"[18] und seiner „feurigen Fantasie"[19] erzählt. Einige Tage später habe Cyprian den Mann wieder getroffen und dieser habe ihm Geschichten erzählt, die so lebhaft waren, „daß man fortgerissen, bestrickt von magischer Gewalt wie im Traum daran glauben mußte, daß Serapion alles selbst wirklich von seinem Berge erschaut"[20] habe. Im Anschluss an diese Geschichte kommentieren die anderen Brüder sie und sind sich einig, dass Serapion schlichtweg wahnsinnig gewesen sei.[21]

Anschließend erzählt Theodor die Geschichte des „Rat Krespel"[22], durch die eine Spaltung der Welt in eine Welt der Fantasie und die der Realität postuliert wird. Nach dieser Geschichte begreifen die Brüder, zuerst Lothar, die wahren Fähigkeiten des Serapion und sehen ihn als „Urbild des Dichters"[23] an. Lothar erkennt, dass Serapion ihnen nur wahnsinnig erschien, weil er ausschließlich in der Welt der Fantasie lebte und ein Gleichgewicht zwischen Fantasie und Realität herrschen müsse:

> Es gibt eine innere Welt, und die geistige Kraft, sie ist in voller Klarheit [...], aber es ist unser irrdisches [sic!] Erbteil, daß eben die Außenwelt in der wir eingeschachtet, als der Hebel wirkt, der jene Kraft in Bewegung setzt. Die innern Erscheinungen gehen auf in dem Kreise, den die äußern um uns bilden und den der Geist nur zu überfliegen vermag in dunklen geheimnisvollen Ahnungen, die sich nie zum deutlichen Bilde gestalten. Aber du, o mein Einsiedler! statuierst keine Außenwelt, du sahst den versteckten Hebel nicht, die auf dein Inneres einwirkende Kraft [...] Dein Leben, lieber Anachoret, war ein steter Traum.[24]

Aus diesem Zitat geht außerdem hervor, dass der Dichter die Realität als „Hebel" nutzen solle, um sich Anregungen für seine Dichtungen zu beschaffen. Dazu müsse er „in der Welt leben, in

---

[17] Vgl. Hoffmann: Die Serapionsbrüder, S. 23-39.
[18] Ebd., S. 25.
[19] Ebd.
[20] Ebd., S. 34.
[21] Vgl. ebd., S. 37-39.
[22] Vgl. ebd., S. 39-64.
[23] Vgl. von Matt: Die Augen der Automaten, S. 16.
[24] Hoffmann: Die Serapionsbrüder, S. 68.

der buntesten Welt, um schauen und auffassen zu können ihre unendlich mannigfachen Erscheinungen"[25]. Unserapiontisch sei es allerdings, diese Bilder aus der Realität einfach nur nachzuahmen, sondern die Bilder sollten aus einem selbst heraus kommen.[26] Laut von Matt postuliert Hoffmann hier die „absolute Autonomie der produktiven Einbildungskraft".[27]

Als Lothar nach Cyprians Erzählung feststellt: „Dein Einsiedler, mein Cyprianus, war ein wahrhafter Dichter, er hatte das wirklich geschaut was er verkündete, und deshalb ergriff seine Rede Herz und Gemüt"[28], ist damit aber nicht gemeint, dass Serapion die Dinge, von denen er erzählte, auch alle in der Realität gesehen hatte, sondern mit dem „Schauen" ist gemeint, dass man sich die Dinge so leibhaftig vor seinem inneren Auge vorstellen kann, als *wären* sie real.

Um dem Leser klarzumachen, was genau das Serapiontische Prinzip ist, lässt Hoffmann durch Lothar formulieren, was für jeden Dichter gelten solle:

> Jeder prüfe wohl, ob er auch wirklich das geschaut, was er zu verkünden unternommen, ehe er es wagt laut damit zu werden. Wenigstens strebe jeder recht ernstlich darnach [sic!], das Bild, das ihm im Innern aufgegangen recht zu erfassen mit allen seinen Gestalten, Farben, Lichtern und Schatten, und dann, wenn er sich recht entzündet davon fühlt, die Darstellung ins äußere Leben zu tragen.[29]

Die Brüder beschließen gemeinsam, fortan von dem Serapiontischen Prinzip zu sprechen und alle zukünftigen Geschichten und die in ihnen handelnden Personen unter diesem Gesichtspunkt zu untersuchen.[30]

Von Matt teilt diesen beschriebenen Prozess des idealen Dichtens von Hoffmann in drei Stufen ein. Die erste sei das Zentrum der Einbildungskraft, welches teilweise unbewusst arbeite, die zweite die innere Ausbildung der Fantasie und die dritte die Rekonstruktion dieses inneren Geschauten in Gemälden, Dichtungen oder Musik. Die wahre Kunst sei die dritte Stufe, auch *imitatio* des Innern genannt.[31] Dabei kommt es weniger auf den Inhalt der Kunst an, sondern vielmehr auf die Intensität der Vorstellungsbilder.[32]

Serapion als „absolute[r] Dichter der Fantasie"[33] ist ein romantisches Bild, dem die Brüder gern anhängen. Im Gegensatz zu ihm ist es ihnen aber wichtig, die Duplizität des Lebens wahrzu-

---

[25] Ebd., S. 487.
[26] Vgl. von Matt: Die Augen der Automaten, S. 17f.
[27] Ebd., S. 17.
[28] Hoffmann: Die Serapionsbrüder, S. 68.
[29] Ebd., S. 69.
[30] Vgl. ebd., S. 70.
[31] Vgl. von Matt: Die Augen der Automaten, S. 30.
[32] Vgl. Segebrecht, Wulf: Kommentar. In: Hoffmann, E.T.A.: Die Serapionsbrüder. Hg. von Wulf Segebrecht. Frankfurt am Main 2001, S. 1201-1655, hier S. 1247.
[33] Steinecke, Hartmut: Die Kunst der Fantasie. E.T.A. Hoffmanns Leben und Werk. Frankfurt am Main/ Leipzig 2004, S. 363.

nehmen und die Realität als Gegengewicht nicht zu vernachlässigen. Die Entgegensetzung dieser beiden Welten wird schon in früheren Werken Hoffmanns thematisiert, jedoch stellt er hier erstmals hinaus, wie wichtig das Gleichgewicht ist. Da einige der Novellen bereits vor ihrer Erscheinung in den Serapionsbrüdern existierten, fasst er im Serapiontischen Prinzip nur zusammen, was bereits vorher Grundlage seiner Erzählungen war.[34]

In Bezug auf die Einbildungskraft ist am Serapiontischen Prinzip also vor allem der Begriff des „Schauens" wichtig. Zwar soll sich ein Dichter Inspirationen aus der realen Welt nehmen und nicht nur in der Fantasiewelt verharren, dabei reichen als Inspirationen beispielsweise aber auch Kunstwerke und Literatur aus. Am wichtigsten ist allerdings, dass er sich die Dinge, von denen er dann erzählt, so klar vorstellen kann, als wären sie real. Damit beeinträchtigt das Serapiontische Prinzip auch die Einbildungskraft des Lesers, denn auch dieser soll beim Lesen aus der Realität herausgelöst und in den Bann der Geschichte gezogen werden.[35]

4. Entstehung der „Serapionsbrüder"

Derartige Sammelwerke wie „Die Serapionsbrüder" waren zur Zeit der Jahrhundertwende um 1800 sehr populär.[36] So schlug der Verleger Georg Reimer Anfang 1818 Hoffmann vor, seine in Taschenbüchern und Zeitschriften veröffentlichten Erzählungen in einem solchen Sammelwerk zusammenzufassen.[37] Zeitgenössisch wurde angenommen, dass Hoffmann dieses Angebot annahm, da es ihm finanziell gelegen erschien. Ein Brief von ihm an den Verleger bestätigt diesen Eindruck, schreibt er ihm doch, er solle selbst einen Titel wählen, der sich gut vermarkten ließe.[38]

Schließlich entschied Hoffmann sich dann aber doch selbst für den Titel „Die Serapionsbrüder". Dieser Titel lässt sich auf den Namen einer Männerrunde zurückführen, den „Seraphinenorden", der am 12.10.1814, am Tag des heiligen Seraphinus von Montegranaro, in Berlin gegründet wurde.[39] Regelmäßige Teilnehmer dieser Runde waren vor allem Hoffmann, die Schriftsteller Julius Eduard Hitzig, Carl Wilhelm Salice-Contessa, Adelbert von Chamisso, Johann Ferdinand Korett, der Theologe J.G. Seegemund und der Schauspieler Ludwig Devrient.[40] Die Runde kam

---

[34] Vgl. ebd., S. 364f.
[35] Vgl. Werner, Hans-Georg: E.T.A. Hoffmann. Darstellung und Deutung der Wirklichkeit im dichterischen Werk. Berlin 1971, S. 52.
[36] Vgl. Steinecke: E.T.A. Hoffmann, S. 113.
[37] Vgl. ebd.
[38] Vgl. Feldges/ Stadler: E.T.A. Hoffmann, S. 55.
[39] Vgl. Deterding, Klaus: Hoffmanns Erzählungen. Eine Einführung in das Werk E.T. A. Hoffmanns. Würzburg 2007, S. 119.
[40] Vgl. ebd.

im Winter 1814/15 häufiger zusammen, in den Jahren 1815/16 löste sie sich aber nach und nach auf.[41] Im November 1818 kam die Gruppe dann aber wieder zusammen, wurde neugegründet und umbenannt in den Namen „Die Serapionsbrüder".[42]

Hoffmann nahm aber nicht nur den Namen der Männerrunde als Inspiration für das Sammelwerk, sondern lässt, ähnlich wie es an den Männerabenden praktiziert wurde, in seinem Werk sechs Brüder (Theodor, Lothar, Cyprian, Ottmar, Vinzenz und Sylvester) abwechselnd die Geschichten erzählen. Durch kommentierende Einschübe zwischen den Erzählungen werden diese von den Brüdern immer wieder im Hinblick auf das Serapiontische Prinzip überprüft. Die Gespräche verbinden die Geschichten, greifen vor und zurück und gehen teilweise, bei bereits erschienenen Werken, auf Leserrezensionen ein.[43] Dieser Austausch der Brüder ist ein romantisches Bild, denkt man an Schlegels Idee einer „Gilde von Künstlern"[44], die „Gespräche über die Poesie"[45] führen sollen. Jedoch gehen die Gespräche der Serapionsbrüder weit über die Poesie hinaus und beinhalten wissenschaftliche und gesellschaftliche Diskurse.[46]

In insgesamt vier Bänden, die zwischen Februar 1819 und Mai 1821 erschienen sind[47], erzählen sich die Brüder an acht Abenden 30 Novellen.[48] Die in dieser Hausarbeit behandelte Novelle „Der Artushof" erschien im ersten Band und wurde ursprünglich bereits 1817 im „Urania – Taschenbuch für Frauen" veröffentlicht. Geschrieben hatte sie Hoffmann schon 1815.[49] Andere Novellen, wie zum Beispiel „Der Kampf der Sänger", erschienen aber erstmalig in den „Serapionsbrüdern".[50]

Theoretisch könnte man einzelne Geschichten also auch ohne den kommentierenden Rahmen der Brüder lesen, aber gerade dieser gibt dem Werk seine Bedeutung und lässt den Leser die Erzählungen unter anderen Gesichtspunkten lesen. Laut Feldges und Stadler haben die neuveröffentlichten Novellen durch diesen Rahmen teilweise „tiefgreifende Veränderungen erfahren".[51] Wie bereits erwähnt, wurden die Kommentare der Brüder zeitgenössisch aber nur als

---

[41] Vgl. ebd., S. 119f.
[42] Vgl. Feldges/ Stadler: E.T.A. Hoffmann, S. 55.
[43] Vgl. Steinecke: E.T.A. Hoffmann, S. 116.
[44] Kluckhohn, Paul: Persönlichkeit und Gemeinschaft. Studien zur Staatsauffassung der deutschen Romantik. Halle/Saale 1925, S. 13.
[45] Ebd.
[46] Steinecke: Kunst der Fantasie, S. 359.
[47] Vgl. Deterding: Hoffmanns Erzählungen, S. 121.
[48] Vgl. Steinecke: E.T.A. Hoffmann, S. 114.
[49] Vgl. Segebrecht: Kommentar, S. 1316.
[50] Vgl. Steinecke: E.T.A. Hoffmann, S. 114.
[51] Feldges/ Stadler: E.T.A. Hoffmann, S. 54.

Versuch gewertet, einen nachträglichen Zusammenhang zu erzeugen und nicht ernsthaft wahr-genommen.[52] In der Forschung wurde aber gerade diesem Aspekt des Werkes hohe Aufmerk-samkeit gewidmet.

5. Analyse der Einbildungskraft im Serapiontischen Prinzip in der Novelle „Der Artus-hof"

Die Novelle „Der Artushof" ist eine Erzählung des zweiten Abends und Hoffmann lässt sie von Cyprian vortragen. Die Geschichten an diesem Abend handeln alle von Menschen, „deren Wahrnehmung, Erkenntnis und Welten rein subjektiv"[53] sind. So geht es in dieser Novelle um den jungen Kaufherrn Traugott, der in Danzig an der Börse mit dem Namen „Artushof" arbeitet.

Bereits zu Beginn der Geschichte wird der Leser vom Erzähler angesprochen und dieser er-wähnt, dass der Leser am besten bereits einmal in Danzig gewesen sein solle und es ihm lieb wäre, wenn er „mit eigenen Augen den wunderbaren Saal geschaut hätte".[54] Auch der Erzähler selbst, der hier in der Gestalt Cyprians auftritt, sei einmal in Danzig gewesen, was ihn zu dieser Geschichte inspiriert habe.[55] Anschließend beschreibt der Erzähler den Artushof sehr detailliert, seine Schilderungen gleichen fast einer Museumsführung.[56] Der Anfangsteil steht also ganz im Sinne des „Schauens", dem wichtigsten Bestandteil des Serapiontischen Prinzips. Die Leseran-sprache geht aber noch weiter, denn nun wird der Leser endgültig aus der Realität gelöst und in die Fantasiewelt geführt, was auch ein Aspekt des Serapiontischen Prinzips ist:

> All' das seltsame Bild- und Schnitzwerk, womit die Wände überreich verziert, wurde rege und lebendig [...] Tiere schauten mit glühenden Augen auf Dich herab, Du mochtest sie kaum ansehen; auch wurde Dir, je mehr die Dämmerung eintrat, das marmorne Königsbild in der Mitte, nur desto schauerlicher[57]

Die starke Einbildungskraft des Erzählers, durch die die Figuren der Bilder lebendig werden, wird also auf den Leser übertragen und ihm werden quasi die Sicht und die Ängste des Erzählers aufgezwungen. Leser und Autor werden durch die Einbildungskraft verbunden, da es nicht mehr nur um bloße Nachahmung (wie in der reproduktiven Einbildungskraft) geht, wird die

---

[52] Vgl. Steinecke: E.T.A. Hoffmann, S. 115.
[53] Kaiser, Gerhard R.: E.T.A. Hoffmann. Stuttgart 1988, S. 68.
[54] Ebd., S. 177.
[55] Vgl. ebd., S. 176.
[56] Vgl. Brandstetter, Gabriele: Bild-Löschung und Bild-Belebung. Imagination und Narration bei E.T.A. Hoffmann, Balzac und Hofmannsthal. In: Bernd Hüppauf/ Christoph Wulf (Hg.): Bild und Einbildungskraft. München 2006, S. 294-310, hier S. 297.
[57]Hoffmann: Die Serapionsbrüder, S. 177.

produktive Einbildungskraft des Lesers vorausgesetzt.[58] Die Magie und die Fantasie, die von den Gemälden ausgehen, können als klassisch romantisches Bild gewertet werden, da sich die Einbildungskraft hier von jeglichen Regeln der Vernunft loslöst und nicht nur schöne, sondern auch dunkle Seiten darstellt.[59] Es gehen aber nicht nur „schauerliche" Eindrücke aus den Bildern und Staturen hervor, sondern auch liebliche, wie die „Frauen in bunten schimmernden Kleidern",[60] die einen „mit süßem Gelispel"[61] verlocken wollen. Außerdem sieht man auch Soldaten aus ihren Bildern herausschreiten und hört sogar ihre Marschmusik, so werden alle Sinne in die Einbildungskraft eingebunden.[62]

Dann wird der Leser selbst zum Künstler, indem beschrieben wird, wie er ein Bild abzeichnet, „in so fern Du nämlich ein rüstiger Zeichner bist".[63] Am Anfang ist die Einbildungskraft also wirklich stark auf den Leser bezogen, damit er in die Geschichte eingebaut wird und wirklich „schauen" kann. Anschließend wird Traugott eingeführt, indem der Kontrast aufgezeigt wird „Dir, günstiger Leser! war so etwas erlaubt, aber nicht dem jungen Kaufherrn Traugott"[64] und die eigentliche Handlung setzt ein.

Es wird beschrieben, wie Traugott das Gemälde des Bürgermeisters mit dem Jüngling betrachtet, „deren Anblick ihn jedesmal mit seltsamer unbegreiflicher Wehmut befing".[65] Zum ersten Mal wird das Motiv der Sehnsucht eingesetzt, das sich durch die ganze Novelle zieht. Zu diesem Zeitpunkt begreift Traugott noch nicht, woher diese Sehnsucht kommt, es wird dem Leser aber angedeutet, indem erzählt wird, dass „aus dem Gesichte des holden Jünglings ihm eine ganze Welt süßer Ahnungen entgegen"[66] strahlte. Als zwei Personen, die genauso aussehen wie die beiden auf dem Gemälde, plötzlich hinter ihm stehen, denkt Traugott, dass es tatsächlich der Bürgermeister und der Page sind, was zeigt, wie befangen er von dem Bild ist und wie lebendig seine Einbildungskraft ist: „Sie sind es ja selbst, so fuhr es dem Traugott durch den Sinn."[67]

Herr Roos, sein Schwiegervater und Vorgesetzter, hat allerdings nichts für die Kunst übrig und betitelt Traugott als „Satanskind"[68], als er seine Skizze sieht. Er steht stellvertretend für die Börse und somit für die Geschäftswelt, die in der Novelle der Künstlerwelt gegenübergestellt wird. Somit wird hier das romantische Feindbild des Philisters eingeführt, der nicht über seine

---

[58] Vgl. Rauch: Schule der Einbildungskraft, S. 61f.
[59] Vgl. ebd., S. 56.
[60]Hoffmann: Die Serapionsbrüder, S. 177.
[61]Ebd.
[62]Vgl. ebd., S. 178.
[63]Ebd.
[64]Ebd.
[65]Ebd.
[66]Ebd.
[67]Ebd., S. 179.
[68]Ebd., S. 180.

geschäftliche Welt hinausschaut und keinen Sinn für Kunst hat.[69] Ein anderer Mitarbeiter der Börse aber erkennt Traugotts Talent und bestätigt den beschämten Kaufherrn, für den es somit feststeht, „daß er etwas viel Herrlicheres gemacht habe, als einen Avisobrief"[70] und „ein fremder Geist funkelte in ihm auf"[71]. Traugott bekommt also eine Art „göttliche Eingebung", die ihn zur Kunst verleitet und ist nun nicht mehr beschämt, sondern lehnt sich gegen Herrn Roos auf.

Beim Essen im Hause der Roos wird dann wieder der Leser vom Erzähler einbezogen: „Wohl könnte ich Dir, günstiger Leser! die fünf Personen, während sie bei Tische sitzen, bildlich vor Augen bringen, ich werde aber nur zu flüchtigen Umrissen gelangen"[72]. Der Erzähler betont, dass er alle Details über die Personen weiß, also genau geschaut hat, aber nur kurz für den Leser ein dichterisches Bild entwirft. Außerdem wird die Einbildungskraft des Lesers aufgegriffen und gleichzeitig vorausgesetzt, denn es wird erwartet, dass man nach den bereits genannten Äußerungen des Herrn Roos einen „kleinen rundlichen Mann in seinem leberfarbenen Rock, Weste und Hosen mit goldbesponnenen Knöpfchen recht vor Augen"[73] habe und auch „Traugotts Gestalt von selbst recht lebendig hervorgehen"[74] sollte. Der Erzähler betont: „Ist dies nicht der Fall, so taugt all' mein Geschwätz gar nichts, und Du kannst meine Erzählung nur geradezu für nicht gelesen achten"[75]. Diese Äußerung des Erzählers stellt die Anforderung an seine eigene Dichtung als eine im Sinne des Serapiontischen Prinzips dar – wenn es dem Dichter nicht gelingt, Bildlichkeit beim Leser zu erzeugen, so ist er gescheitert und hat seine Aufgabe nicht erfüllt. Auch Traugotts Verlobte Christina wird als Philister beschrieben, da sie als perfekte Hausfrau nicht über ihren häuslichen Horizont hinausschaut.[76]

Im Gespräch zwischen den Angestellten erklärt jemand eine Theorie über das Leben, die man aber auch auf die Einbildungskraft anwenden kann. Das Leben und die Einbildungskraft werden als Maschinerie beschrieben:

> Jener Professor physices meinte: der Weltgeist habe als ein wackrer Experimentalist irgendwo eine tüchtige Elektrisiermaschine gebaut, und von ihr aus liefen gar geheimnisvolle Drähte durch's Leben, die umschlichen und umgingen wir nun bestmöglichst, aber in irgend einem Moment müßten wir darauf treten, und Blitz und Schlag führen durch unser Inneres, in dem sich nun plötzlich Alles anders gestalte.[77]

---

[69] Vgl. Pikulik, Lothar: E.T.A. Hoffmann als Erzähler. Ein Kommentar zu den 'Serapions-Brüdern'. Göttingen 1987, S. 85.
[70] Hoffmann: Die Serapionsbrüder, S. 181.
[71] Ebd.
[72] Ebd.
[73] Ebd.
[74] Ebd., S. 182.
[75] Ebd.
[76] Vgl. Pikulik: Hoffmann als Erzähler, S. 85.
[77] Hoffmann: Die Serapionsbrüder, S. 183.

Traugott erkennt, dass er auf eben diesen Draht getreten sein musste. Als jemand die Gemälde des Artushof als geschmacklos beleidigt, entgegnet er ihm, dass das mit Geschmack nichts zu tun habe, „indessen sei es ihm selbst, wie wohl schon mehreren ergangen; eine wunderbare fantastische Welt habe sich ihm in dem Artushof erschlossen"[78]. Durch diese Erläuterung stellt Hoffmann seine Theorie vom Serapiontischen Prinzip noch einmal heraus, nämlich, dass es am Ende gar nicht so sehr auf den Inhalt ankommt, sondern darauf, was es mit der Einbildungskraft des Künstlers und des Betrachters beziehungsweise Lesers auf sich hat.

Am Ende des Tages kommt Traugott zu der Erkenntnis, dass er ein schlechtes Leben führt und dass Künstler ein viel besseres hätten:

> Wie mag doch so ein Künstler und Bildner fröhlich hinausziehen und hoch emporgerichteten Hauptes all' die erquicklichen Frühlingsstrahlen einatmen, die die innere Welt voll herrlicher Bilder entzünden, so daß sie aufgeht im regen lustigen Leben [...] und so vermag er, was sein inneres Auge geschaut, festzubannen, indem er es sinnlich darstellt.[79]

Auch dieses Zitat ist wieder gänzlich nach dem Serapiontischen Prinzip aufzufassen und stellt schön die drei von von Matt beschriebenen Stufen, die bereits erläutert wurden, dar.

Als Traugott eine Zeichnung aus Kindertagen findet, auf der er auch schon das Gemälde des Bürgermeisters abmalte, tritt wieder das Motiv der Sehnsucht auf, denn diese befängt ihn beim Anblick des Jünglings.[80] Allerdings begreift er immer noch nicht, wonach er diese Sehnsucht hat. In einer weiteren Definition des Künstlerdaseins wird nun auch das Motiv der gemalten Geliebten eingeführt: „[...] schaut das Ideal [...] er kämpft und ringt [...] immer nachzustreben der Geliebten, die er immer näher und näher erblickt, ohne sie jemals zu erreichen"[81]. Zwar ist in diesem Zitat mit der „Geliebten" die Personifikation der Kunst gemeint, im weiteren Verlauf der Geschichte stellt sich dann ja aber heraus, dass dies bei Traugott nicht nur eine Personifikation ist, sondern er wirklich eine gemalte Person liebt und auch diese immer „näher und näher erblickt, ohne sie jemals zu erreichen"[82]. Am nächsten Tag verwirft Traugott seine Gedanken aber erst einmal als lächerlich.

Als der Alte und der Jüngling, die er vor Wochen als den Bürgermeister und seinen Pagen iden-tifiziert hatte, dann aber wieder im Artushof auftauchen, kommen die Gedanken an ein Künst-lerdasein in ihm wieder auf; dass der Alte ihn sogar als Künstler bezeichnet, bestärkt seine Gefühle. Der Mann stellt sich schließlich als der Maler Berklinger vor, der das von Traugott so

---

[78]Ebd.
[79]Ebd., S. 186.
[80] Vgl. ebd.
[81] Ebd., S. 187.
[82] Ebd.

geliebte Gemälde einst zeichnete. Traugott erkennt sehr richtig, dass der Alte psychisch krank sein muss, denn das Gemälde ist schon über 200 Jahre alt.[83] Auch hier spielt Einbildungskraft also wieder eine Rolle, dieses Mal bezogen auf den Herrn Berklinger. Eine mögliche Erklärung für den Anreiz, dass er sich als eben dieser Maler ausgibt, könnte sein, dass der Alte die Ähnlichkeit seiner Tochter Felizitas zu dem Pagen auf dem Bild erkannt hatte[84] und seine Einbildungskraft diesen Aspekt so fortführt, dass er vollkommen in die Identität dieses Malers schlüpfte; dazu passt auch, dass er und seine Tochter mittelalterliche Kleidung tragen. Anschließend lädt der Alte Traugott in seine Wohnung ein, um ihm seine Gemälde zu zeigen und bemerkt dabei: „Ist Euer Blick noch zu blöde zum Schauen, so werdet Ihr wenigstens ahnen!"[85]. Auch hier taucht also wieder der Begriff des „Schauens" auf und gleichzeitig wird postuliert, dass das Kunsthandwerk gelernt werden muss.

Als Traugott am nächsten Morgen in die Wohnung der Berklingers kommt, beschreibt der Alte ihm sehr detailliert, was er auf einer weißen Leinwand zu sehen scheint.[86] An Stelle des Malens tritt hier die Erzählung des Gemalten, anders betrachtet könnte man sagen, dass die Beschreibung erzählend Bilder erzeugt.[87] Brandstetter interpretiert dies im zeithistorischen Kontext als die Legitimation der Literatur gegenüber dem Malen[88], da am Anfang des 19. Jahrhunderts rege Diskussionen über die Konkurrenz der Künste herrschten.[89] Der alte Berklinger stellt sich in dieser Situation also als besonders serapiontisch heraus, denn er schaut die Dinge offensichtlich sehr bildhaft vor seinem inneren Auge. Auch hier wird der in der Romantik oft herausgestellte Wahnsinn der Einbildungskraft thematisiert. Wie bei Serapion handelt es sich auch beim Berklinger um einen wahnsinnigen Künstler, im Gegensatz zu Serapion, der ja wahrlich dichten konnte, hindert der Wahnsinn den Berklinger aber daran, zu malen.[90] Von der nach von Matt beschriebenen zweiten und dritten Stufe der Einbildungskraft besitzt der Berklinger nur die zweite, denn er kann das innere Bild zwar klar erfassen, aber nicht ins Äußere übertragen. Dadurch, dass der Erzähler Berklinger aber trotzdem als „Künstler" bezeichnet, wird deutlich, dass im serapiontischen Verständnis die zweite Stufe wichtiger ist als die dritte und man diese zwingend benötigt, um „dem Kunstwerk Überzeugungskraft und Lebendigkeit zu verleihen".[91] Es wird aber auch gezeigt, was die Serapionsbrüder am Anfang festhielten: Es muss stets ein

[83]Vgl. ebd., S. 190.
[84] Vgl. von Matt: Die Augen der Automaten, S. 42.
[85] Hoffmann: Die Serapionsbrüder, S. 190.
[86] Vgl. ebd., S. 191.
[87] Vgl. Brandstetter: Bild-Löschung und Bild-Belebung, S. 299.
[88] Vgl. ebd.
[89] Vgl. ebd., S. 294.
[90] Vgl. Pikulik: Hoffmann als Erzähler, S. 84.
[91] Schumm, Siegfried: Einsicht und Darstellung. Untersuchung zum Kunstverständnis E.T.A. Hoffmanns. Göppingen 1974 (Göppinger Arbeiten zur Germanistik 121), S. 166.

Gleichgewicht zwischen der inneren und der äußeren Welt herrschen, denn dominiert bei einem Künstler die Innenwelt, kann es zu psychischen Erkrankungen kommen.[92]

Als Traugott beim Herausgehen dann das Bild der Felizitas erblickt, verschmelzen die beiden Motive der Sehnsucht und der gemalten Geliebten. Traugott begreift seine Sehnsucht jetzt als Sehnsucht nach dieser Frau und will sie finden: „Ach sie ist es ja, die Geliebte meiner Seele, die ich so lange im Herzen trug, die ich nur in Ahnungen erkannte!"[93]. In seiner Einbildungskraft entsteht bei Traugott sofort der Gedanke, dass dies auf Gegenseitigkeit beruht, denn er bildet sich ein, dass ihre „dunklen Augen [...] voll Sehnsucht auf Traugott herab"[94] blickten und sie ihm zuflüstert.

In den folgenden Wochen nimmt er Unterricht beim alten Berklinger und er „liebte den Jüngling seiner auffallenden Ähnlichkeit mit Felizitas halber aus voller Seele"[95]. Außerdem kam es ihm in seiner Nähe oft so vor, „als stehe lichthell das geliebte Bild neben ihm"[96]. Die Ironisierung seiner Protagonisten ist bei Hoffmann ein Element, das er oft verwendet und so ironisiert er hier auch Traugott, der nicht erkennt, dass es sich bei dieser Person um Felizitas handelt und er Sehnsucht nach jemandem hat, den er beinahe täglich sieht.[97] Auch wird an letzterem Zitat deutlich, dass die Person vom Gemälde losgelöst wird und die Wörter „Bild", „Frau", „Jüngling", „Felizitas", „Geliebte", „Porträt" im Grunde die gleiche Sache meinen. So wird es auch für den Leser unübersichtlich und man weiß teilweise nicht mehr, ob gerade eine reale Erscheinung gemeint ist, oder etwas, was sich in Traugotts Einbildungskraft abspielt.[98]

Als Traugott eines Abends dann die „wahre" Felizitas, die Tochter des Künstlers, in Berklingers Wohnung sieht, beschimpft ihn der Alte: „Das war deine Liebe zur Kunst?"[99], wodurch deutlich wird, dass bis zu diesem Zeitpunkt seine Liebe zur Kunst eigentlich nur die Liebe zu Felizitas war. Diese These wird dadurch unterstützt, dass Traugott am nächsten Tag, als er merkt, dass die Berklingers verschwunden sind, Felizitas einem Fieberbild zuschreibt und sagt, sie sei ein „Trugbild"[100] gewesen und „bittre, bittre Täuschung war [s]ein Beruf zur Kunst"[101].

Als der Mäkler ihm allerdings einige Zeit später erzählt, dass es bekannt sei, dass der Berklinger seine Tochter verkleide und sie nach Sorrent gezogen seien, wird die eingebildete Felizitas auf

---

[92] Vgl. Steinecke: Kunst der Fantasie, S. 364.
[93] Hoffmann: Die Serapionsbrüder, S. 193.
[94] Ebd.
[95] Ebd., S. 195.
[96] Ebd.
[97] Vgl. von Matt: Die Augen der Automaten, S. 42f.
[98] Vgl. ebd., S. 43.
[99] Hoffmann: Die Serapionsbrüder, S. 196.
[100] Ebd., S. 198.
[101] Ebd.

einmal wieder real. Trotzdem findet auch hier wieder eine Vermischung mit der Kunst statt, denn Traugott glaubt, sie im „Land der Kunst"[102] zu finden. Außerdem verweilt er eine ganze Zeit in Künstlerkreisen in Rom, „länger, als es die Sehnsucht, Felizitas wieder zu finden [...] zuzulassen schien"[103]. Das Motiv der Sehnsucht wird erneut aufgegriffen, aber diese scheint weniger geworden zu sein und „gestaltete sich im Innern, wie ein wonnevoller Traum"[104]. Felizitas dient Traugott nun vielmehr als Kunstideal, Inspiration und Muse, er malt sie sehr oft. Es scheint fast so, als würde er nun, da er weiß, dass sie real ist, nicht mehr so sehr nach ihr streben. Gleichzeitig benötigt er aber die Sehnsucht und die Gedanken an sie, um malen zu können.

Der Moment, als Traugott Dorina kennenlernt, eine Frau, die genauso aussieht, wie Felizitas, ist wichtig, denn hier wird die Identität von Bild und Seele aufgelöst.[105] Da aber auch Dorina Traugott erregt und „in der Tat beinahe Felizitas selbst"[106] war, scheint es so, als sei ihm tatsächlich nur das Äußere wichtig. Doch als Dorinas Vater ihn fragt, ob er sie heiraten wird, fällt ihm der „Zweck seiner Reise"[107] erst wieder ein und „Felizitas stand ihm wieder lebhaft vor Augen"[108]. Traugott bemerkt, dass sie ein „ewiges geistiges Inwohnen"[109] ist und erkennt also, dass sie ein Produkt seiner Einbildungskraft ist, dennoch lässt ihr Bild ihn nicht los. So setzt Traugott seine Suche erfolglos fort und widmet sich schließlich wieder der Kunst, wodurch „die Sehnsucht nach Felizitas linder und milder"[110] wurde, wie bereits zu seinen Anfangszeiten in Rom. Traugott sollte hier erkennen, dass es die Kunst ist, die seine Sehnsucht stimuliert und nicht Felizitas, und dies tut er auch wenig später, als er wegen des Todes von Herrn Roos zurück nach Danzig kehrt und vom Mäkler aufgeklärt wird, dass mit „Sorrent" nicht die Stadt in Italien, sondern ein Haus in der Nähe Danzigs gemeint war. Als dieser ihm erzählt, dass die Felizitas inzwischen einige Kinder mit einem Kriminalrat Mathesius habe, erkennt Traugott, dass diese Frau nicht „das Himmelsbild, das in [s]einer Brust ein unendlich Sehnen entzündet"[111] ist, sondern dass dies das künstliche, eingebildete Idealbild war und nicht die reale Person. Hier wird endgültig die Trennung von Felizitas und der „Kriminalrätin Mathesius" als die Trennung der Person und der gemalten Geliebten erkannt: „Mein getrübter Blick erkannte nicht das höhere Wesen, und vermessen wähnte ich, [...] ich könne es herabziehen in die klägliche Existenz des

---

[102] Ebd., S. 199.
[103] Ebd., S. 200.
[104] Ebd.
[105] Vgl. von Matt: Die Augen der Automaten, S. 47.
[106] Hoffmann: Die Serapionsbrüder, S. 201.
[107] Ebd., S. 202.
[108] Ebd.
[109] Ebd.
[110] Ebd., S. 203.
[111] Ebd., S. 205.

irdischen Augenblicks"[112]. Traugott stellt fest, dass Felizitas die „schaffende Kunst" in ihm ist, aber eben auch nicht mehr.

Die anschließende Heirat in Rom mit Dorina kann als Sieg der Kunst gewertet werden, da sie eben im „Land der Kunst" stattfindet.[113] Eine Reise nach Rom ist eine typische Vorgehensweise, die Hoffmann einsetzt, wenn sich einer seiner Künstler selbst gefunden hat.[114] Dennoch schwingt auch im Schlussteil wieder eine gewisse Ironie mit, da diejenige, die Traugott heiratet, ja genauso aussieht, wie Felizitas.

6. Fazit

Zusammenfassend lässt sich sagen, dass es in der Künstlernovelle „Der Artushof" in Hoffmanns „Die Serapionsbrüder" um die Geschichte eines werdenden Künstlers geht, der den Irrglauben hat, es könne die Identität von Kunst und Realität geben. Nachdem er schlussendlich einsieht, dass er in dieser Annahme falsch lag, bekommt er beides: die Kunst und die Liebe in der Realität.[115]

Wie dargestellt wurde, ist diese Novelle durch und durch nach dem Serapiontischen Prinzip gestaltet: Dem Erzähler ist es sehr wichtig, alles so darzustellen, dass der Leser ein klares Bild vor Augen hat, der Begriff des „Schauens" fällt sehr häufig, der Leser wird aus der Realität geholt und mit einbezogen und oft werden durch die Protagonisten klare Kunsttheorien nach dem Serapiontischen Prinzip formuliert. Außerdem können der alte Berklinger und Traugott als serapiontische Künstler wahrgenommen werden, denn beide haben eine sehr lebhafte Einbildungskraft und können sich die Dinge so vorstellen, als seien sie real. Zudem wird auch in dieser Novelle noch einmal klar die Aufteilung in die Welten der Fantasie und der Realität dargestellt, besonders durch Traugotts Erkenntnis am Schluss der Geschichte. Berklinger, der nur in der Welt der Fantasie lebt, wird als psychisch krank dargestellt, weshalb die Brüder im Anfangsteil festhalten, wie wichtig es ist, nicht nur in der „inneren Welt" zu leben. Es werden also, typisch für die Romantik, auch dunkle Seiten der Einbildungskraft dargestellt und der Wahnsinn, den sie hervorrufen kann. Nach Fichtes Definition ist die „Fähigkeit zur künstlerischen Imagination"[116] in jedem, doch nicht jeder kann das Gedachte in ein Kunstwerk transferieren. Diese romantische Definition wird also durch den Berklinger widergespiegelt. Weiterhin

---

[112] Ebd., S. 206.
[113] Vgl. Kaiser: E.T.A. Hoffmann, S. 67.
[114] Vgl. von Matt: Die Augen der Automaten, S. 150.
[115] Vgl. Segebrecht: Kommentar, S. 1320.
[116] Asmuth, Christoph: Die Bedeutung J.G. Fichtes für eine Theorie der Bildlichkeit. In: Alexander Schnell/ Jan Kuneš (Hg.): Bild, Selbstbewusstsein, Einbildung. Leiden 2016 (Fichte-Studien 42), S. 5-28, hier. S. 6.

typisch für das romantische Bild der Einbildungskraft ist, dass die „Feinde" der Romantiker, die Philister, in dieser Novelle abgewertet werden und beschrieben wird, dass sie keinen Sinn für Kunst haben. Durch die gesamte Novelle zieht sich die in der Romantik zentrale produktive Einbildungskraft, die sich vor allem dadurch kennzeichnet, dass sie von allen Regeln der Vernunft und des Verstandes losgelöst ist.

Insgesamt ist das Serapiontische Prinzip also auf fast jeder Seite der Geschichte zu finden. Da „Der Artushof" schon drei Jahre vor der Neuerscheinung in den „Serapionsbrüdern" geschrieben wurde, ist die Aussage, Hoffmann habe dieses Prinzip nur nachträglich erfunden, um einen Zusammenhang in den Serapionsbrüdern zu erzeugen, nicht tragbar. Wahrscheinlich ist, dass er die Idee dieses Prinzips schon lange hatte und sie nun in diesem Werk ausformulieren und mit ausgewählten Novellen stützten konnte. Dafür spricht, dass die Inhalte der einzelnen Novellen oft Aspekte des Serapiontischen Prinzips widerspiegeln, die den Serapionsbrüdern Anlass zur Diskussion geben. Durch die detaillierten Erläuterungen seiner Auffasung von gelungener Dichtung will Hoffmann dem Leser Kriterien zur Bewertung von Literatur beibringen[117] und außerdem das Verständnis für seine Schriften fördern[118]. Insgesamt ist ihm das, vor allem in der untersuchten Novelle, sehr gut gelungen.

---

[117] Vgl. von Matt: Die Augen der Automaten, S. 17.
[118] Vgl. Werner: E.T.A. Hoffmann, S. 51.

7. Literaturverzeichnis

7.1 Quellen

Hoffmann, E.T.A.: Die Serapionsbrüder. Hg. von Wulf Segebrecht. Frankfurt am Main 2001.

7.2 Darstellungen

Asmuth, Christoph: Die Bedeutung J.G. Fichtes für eine Theorie der Bildlichkeit. In: Alexander Schnell/ Jan Kuneš (Hg.): Bild, Selbstbewusstsein, Einbildung. Leiden 2016 (Fichte-Studien 42), S. 5-28.

Beil, Ulrich Johannes: Phantasie. In: Gert Ueding (Hg.): Historisches Wörterbuch der Rhetorik. Tübingen 2003, Sp. 927-943.

Brandstetter, Gabriele: Bild-Löschung und Bild-Belebung. Imagination und Narration bei E.T.A. Hoffmann, Balzac und Hofmannsthal. In: Bernd Hüppauf/ Christoph Wulf (Hg.): Bild und Einbildungskraft. München 2006, S. 294-310.

Deterding, Klaus: Hoffmanns Erzählungen. Eine Einführung in das Werk E.T. A. Hoffmanns. Würzburg 2007.

Feldges, Brigitte/ Stadler, Ulrich: E.T.A. Hoffmann. Epoche-Werk-Wirkung. München 1986.

Ivaldo, Marco: Die Rolle der Einbildungskraft in Fichtes Überlegungen über Geist und Buchstaben aus den Jahren 1794-1795. In: Alexander Schnell/ Jan Kuneš (Hg.): Bild, Selbstbewusstsein, Einbildung. Leiden 2016 (Fichte-Studien 42), S. 107-119.

Kaiser, Gerhard R.: E.T.A. Hoffmann. Stuttgart 1988.

Kamper, Dietmar: Zur Geschichte der Einbildungskraft. Reinbek 1990.

Kluckhohn, Paul: Persönlichkeit und Gemeinschaft. Studien zur Staatsauffassung der deutschen Romantik. Halle/Saale 1925.

Pikulik, Lothar: E.T.A. Hoffmann als Erzähler. Ein Kommentar zu den 'Serapions-Brüdern'. Göttingen 1987.

Rauch, Marja: Die Schule der Einbildungskraft. Zur Geschichte des Literaturunterrichts in der Romantik. Frankfurt am Main 2011 (Beiträge zur Geschichte des Deutschunterrichts 66).

Schulte-Sasse, Jochen: Phantasie. In: Karlheinz Barck (Hg.): Ästhetische Grundbegriffe Bd. 4. Stuttgart/ Weimar 2002, S. 778-798.

Schumm, Siegfried: Einsicht und Darstellung. Untersuchung zum Kunstverständnis E.T.A. Hoffmanns. Göppingen 1974 (Göppinger Arbeiten zur Germanistik 121).
Segebrecht, Wulf: Kommentar. In: Hoffmann, E.T.A.: Die Serapionsbrüder. Hg. von Wulf Segebrecht. Frankfurt am Main 2001, S. 1201-1655.

Steinecke, Hartmut: E.T.A. Hoffmann. Stuttgart 1997.

Steinecke, Hartmut: Die Kunst der Fantasie. E.T.A. Hoffmanns Leben und Werk. Frankfurt am Main/ Leipzig 2004.

von Matt, Peter: Die Augen der Automaten. E.T.A. Hoffmanns Imaginationslehre als Prinzip seiner Erzählkunst. Tübingen 1971.

Werner, Hans-Georg: E.T.A. Hoffmann. Darstellung und Deutung der Wirklichkeit im dichterischen Werk. Berlin 1971.

BEI GRIN MACHT SICH IHR WISSEN BEZAHLT

- Wir veröffentlichen Ihre Hausarbeit,
  Bachelor- und Masterarbeit

- Ihr eigenes eBook und Buch -
  weltweit in allen wichtigen Shops

- Verdienen Sie an jedem Verkauf

Jetzt bei www.GRIN.com hochladen und kostenlos publizieren